Dédié à tante Bea

C'est un livre sur les ABEILLES !

Il s'agit de leur histoire et de ce qu'ils font !

Parce que les abeilles ont survécu depuis très longtemps...

HISTOIRE

Plus de cent millions d'années
d'abeilles et de leçons
à en tirer pour nous !

Les apiculteurs récoltent le miel depuis plus de 5 000 ans !

Et le miel est une denrée précieuse depuis des décennies !

Pour faire simple, le miel et la cire = l'argent.

Les Égyptiens utilisaient la cire d'abeille pour créer leurs bougies...

Ils utilisaient le miel comme édulcorant et comme médicament.

Les abeilles ont travaillé dur pendant très longtemps...

Le miel est une option alternative au sucre...

Il est naturel et rempli de bonnes choses dont notre corps a besoin pour rester en bonne santé : les antioxydants...

C'est pourquoi nous avons besoin des abeilles et elles ont besoin de nous !

Voici la preuve que le miel peut durer longtemps... Dans les années 1900, un échantillon a été trouvé dans un tombeau égyptien !

Certains scientifiques ont prouvé qu'il était vieux de plusieurs milliers d'années !

Je pense que c'est merveilleux qu'il ait survécu... mais je n'en mettrais pas sur mes toasts, n'est-ce pas ?

Le miel commence sa vie sous forme de nectar et de pollen récoltés sur...

Les ruches sont leurs maisons et à l'intérieur, les abeilles et leurs familles sont en sécurité...

Et maintenant, il est temps de SAUTE SAUTE SAUTE...

ET BUZZ COMME
UNE ABEILLE !!

Les apiculteurs ont besoin des abeilles. Nous avons besoin d'abeilles. Les fleurs ont besoin des abeilles. Les abeilles ont besoin des fleurs ! Nous faisons tous partie du cercle de la vie.

Les abeilles aident notre planète. C'est leur super pouvoir et ce n'est pas nouveau !

Et maintenant, il est temps pour toi et moi...

Pour SAUTE SAUTE SAUTE

ET BUZZ COMME UNE ABEILLE !

Voici un autre super pouvoir - les abeilles peuvent voler rapidement ! Jusqu'à 12 miles par heure !

Cela fait 5,36 mètres par seconde !

Une abeille faisant la course contre un écureuil serait un concours très serré...

Je pense que l'abeille gagnerait, mais qu'en penses-tu ?

Les abeilles mâles sont appelées DRONES et n'ont pas de dard.

La reine des abeilles possède un dard, tout comme les autres abeilles ouvrières...

Les abeilles ont cinq yeux poilus... mais la couleur rouge, elles ne la voient pas !

En battant de leurs deux paires d'ailes....Les abeilles créent une FRÉQUENCE DE BRUITS !

Maintenant que nous avons appris à connaître les abeilles, il est temps de
SAUTE SAUTE SAUTE...

ET BUZZ COMME UNE ABEILLE !

NOUS

LES ABEILLES

BUZZY !

Série de sauts :
Saute comme un caribou !
Saute comme un kangourou !
Saute au zoo !
Saute et dis P.U. !
Saute et dis Boo !
Saute et dis que la Saint-Valentin est
pour les enfants aussi !
Saute et cherche un indice !
Saute et dis Bon anniversaire à toi !
Saute pour tout ce qui est bleu !
Saute, saute et dis "Joyeuses Pâques" !
Saute et dis Cock-A-Doodle-Do !
Saute et chante Da-Do-Do-Do !
Saute et demande Qui ? Qui ?
Saute et crie comme un cacatoès !
Saute et demande C'est toi ou Ewe ?
Sautez et dites "Il y a de l'eau dans
mon ragoût" !
Saute et dis "Joyeux Noël à toi" !
Saute et applaudis la bonne année !
Saute et dis qu'il y a un Moo-Moo dans
un tutu !

JSaute et dis qu'il y a un lièvre dans mes cheveux !
Saute et dis que ma tante a mangé une fourmi !
Saute et dis qu'il y a un oryctérope dans le parc
d'attractions !

CLAP POUR séries
Clap pour 1 !
Clap pour 2 !
Clap pour 3 !
Clap pour 4 !
Clap pour 5 !
Clap pour 6 !
Clap pour 7 !
Clap pour 8 !
Clap pour 9 !
Clap pour 10 !

Le chat qui disait bonjour
Les trois rochers
Billy Shakespeare
Billie Shakespeare
Apprends à dessiner avec la symétrie
ABC Plus Apprendre à dessiner avec la symétrie

Non-Fiction
103 idées de collecte de fonds pour les parents
bénévoles des écoles et des équipes